RICK KIRKMAN / JERRY SCOTT

W0211432

BÉBÉ BLUES

7

La nuit des pères-vivants

ÉDITIONS
HORS COLLECTION

Du même auteur :

Devine qui n'a pas fait de sieste ? Tome 1
Papa, maman, et moi, et moi et MOI ! Tome 2
Il y a des jours comme ça... Tome 3
Bon anniversaire, la puce ! Tome 4
Tu crois qu'elle le fait exprès ? Tome 5
Nous traversons une zone de turbulence parentale...
attachez vos ceintures ! Tome 6

Dans la même collection :

BILL WATERSON :
Adieu, monde cruel ! Tome 1
En avant, tête de thon ! Tome 2
On est fait comme des rats ! Tome 3
Debout, tas de nouilles ! Tome 4
Fini de rire ! Tome 5
Allez, on se tire ! Tome 6
Que fait la police ? Tome 7
Elle est pas belle, la vie ? Tome 8
On n'arrête pas le progrès ! Tome 9
Tous aux abris ! Tome 10
Chou bi dou wouah ! Tome 11
Quelque chose bave sous le lit ! Tome 12
Enfin seuls ! Tome 13
Va jouer dans le mixer ! Tome 14
Complètement surbookés ! Tome 15
Faites place à hypermen ! Tome 16
La flemme du dimanche soir ! Tome 17
Gare au psychopathe à rayures ! Tome 18

SCHULZ :
Joe Cool déteste le dimanche après-midi ! Tome 1
Tu es l'invité d'honneur, Charlie Brown ! Tome 2
Parfois c'est dur d'être un chien ! Tome 3
Et voici le célèbre as de la Première Guerre mondiale ! Tome 4
L'important c'est de participer ! Tome 5

Retrouvez-nous sur Internet
http://www.Ed-Hors-Collection.tm.fr
catalogue, informations, jeux, messagerie
Email : HORSCOLL@aol.com

Titre original : NIGHT OF THE LIVING DAD
Copyright © 1996 by Baby Blues Partnership. All rights reserved

Copyright © 1999, Hors Collection pour la traduction française
Traduit de l'américain par Patrick Mercadal
Lettrage : Martine Segard
Isbn : 2-258-05182-7
Numéro d'éditeur : 349

HÉ ! IL N'Y A PLUS DE LAIT
...CE QUI N'EST PAS GRAVE : EN FAIT, J'AVAIS ENVIE D'UN VERRE D'EAU. PAS DE PROBLÈME...
QUI SE PLAINT DU CONTENU DU FRIGO VA FAIRE LES COURSES TOUT SEUL LA FOIS SUIVANTE.

'LUT, WANDA ! COMMENT VA LE BÉBÉ ?
OH, BIEN ! BLA BLA MOLAIRES QUI POUSSENT, BLA BLA PARLE, BLA BLA MARCHE...
'LUT, WANDA ! COMMENT VA JUSTINE ?
OH, BIEN ! BLA BLA COORDINATION, BLA BLA POUSSE COMME UNE PLANTE, BLA BLA DIFFICILE...
'LUT, WANDA ! COMMENT VAS-TU ?
WANDA ?
JE RÉFLÉCHIS ! JE RÉFLÉCHIS !

DEPUIS QUAND JUSTINE SE PROMÈNE-T-ELLE AVEC SA COUVERTURE ?
DEPUIS CETTE SEMAINE... ET CE N'EST PAS UNE "COUVERTURE" MAIS UN "DOUDOU".
DOU-DOU ?
OUI. ILS SONT INSÉPARABLES. ILS JOUENT, MANGENT ET FONT LA SIESTE ENSEMBLE. IL EST TOUJOURS LÀ QUAND ELLE EN A BESOIN.
DOU-DOU
J'AI ÉTÉ SUPPLANTÉ PAR UNE COUVERTURE !

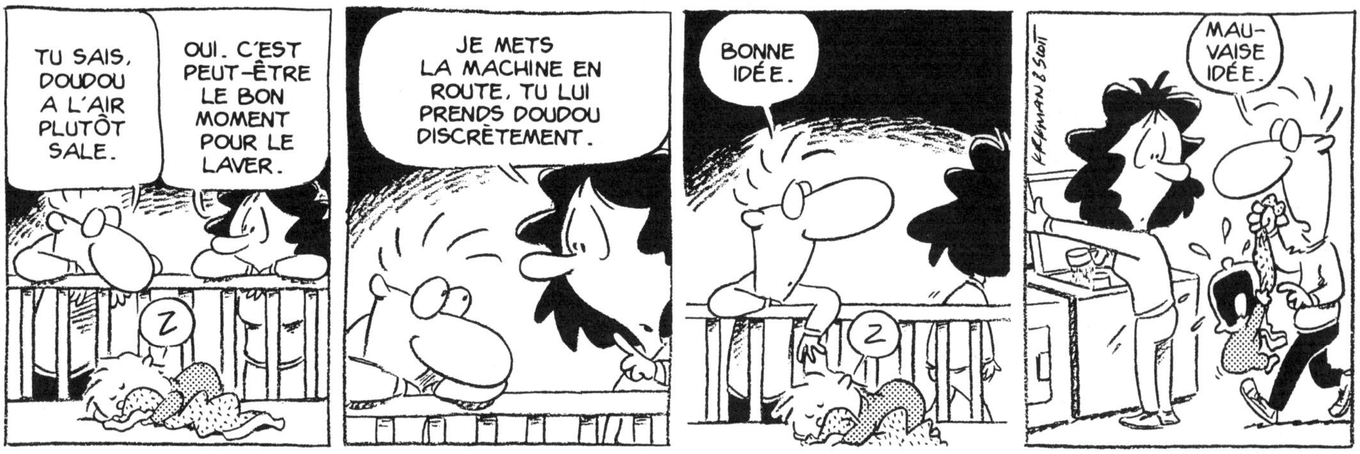
TU SAIS, DOUDOU A L'AIR PLUTÔT SALE.
OUI. C'EST PEUT-ÊTRE LE BON MOMENT POUR LE LAVER.
Z
JE METS LA MACHINE EN ROUTE, TU LUI PRENDS DOUDOU DISCRÈTEMENT.
BONNE IDÉE.
Z
MAU-VAISE IDÉE.

PAS D'ENNUIS AVEC JUSTINE, CE SOIR ?
OH, NON... ELLE A ÉTÉ SUPER !
ON A JOUÉ, MANGÉ, LU UNE HISTOIRE, PUIS ELLE EST ALLÉE SE COUCHER. BON, À PLUS TARD ! SALUT !
UN PROBLÈ-ME ?
POUR CENT FRANCS, ELLE POURRAIT AU MOINS FAIRE SEMBLANT !

NON, JUSTINE ! PLUS TARD ! PAPA EST OCCUPÉ !
UMPA PA-PA !
ALLEZ JUSTINE ! LAISSE-MOI ! NON !... ARRÊTE...
PA-PA ! UMPA ! BABODA PA-PA PA !
IL N'EXISTE AUCUN TRAVAIL PÉNIBLE QU'UN TOUT-PETIT NE PUISSE RENDRE ENCORE PLUS PÉNIBLE.

BÉBÉ BLUES®

RICK KIRKMAN / JERRY SCOTT

ALORS, DU NOUVEAU DANS LE COURRIER ?
NON, COMME D'HABITUDE !
ATTENDS QUE JE TE DISE CE QUI S'EST PASSÉ AU TRAVAIL, AUJOURD'HUI !
TU TE SOUVIENS QUAND NOS PHRASES NE SE TERMINAIENT PAS EN EXCLAMATIONS ?
KIRKMAN & SCOTT

TU DEVIENS UNE GRANDE FILLE, JUSTINE !
TU T'ASSIEDS DANS TA CHAISE... TU MANGES TOUTE SEULE... TU BOIS DANS UNE TASSE...
KIRKMAN & SCOTT
PA-PA !
...TU PARLES LA BOUCHE PLEINE...
'JOUR, MA PUCE !

OUUI-INNN !
ÇA VA, JUSTINE ! DOUDOU N'A RIEN... MAMAN LE LAVE, C'EST TOUT !
DOUDOU ÉTAIT TOUT SALE, ALORS IL PREND UN BAIN, COMME TOI !
SNIF !
TU VOIS ? EAU... SAVON...
SNIF !
...ESSORAGE...
AÏEEE !
WHIRRRR !
KIRKMAN & SCOTT

ÇA VA, JUSTINE! TON DOUDOU SERA SEC DANS UNE MINUTE.
IL FALLAIT LE LAVER! TU NE VOUDRAIS PAS QUE DOUDOU SOIT TOUT SALE ET SENTE MAUVAIS, HEIN?
SNIF!
NON! TU VEUX UN DOUDOU PROPRE ET SAIN ET DOUX...
DING!
...ET DÉCHIRÉ...
DOU-DOU!
KIRKMAN & SCOTT

CRUNCH!
CRUNCH! CRUNCH! CRUNCH!
?
KIRKMAN & SCOTT

MINCE!
AH AH!
OH, NON!
BÉBÉ ET VOUS
AAAAARGH!
BÉBÉ ET VOUS
JE VIENS JUSTE DE COMPRENDRE QUELQUE CHOSE...
KIRKMAN & SCOTT
SI LES GENS FONT PLUSIEURS ENFANTS, C'EST POUR CORRIGER TOUTES LES ERREURS QU'ILS ONT FAITES AVEC LE PREMIER.

BÉBÉ BLUES®
RICK KIRKMAN / JERRY SCOTT
HÉ, JOE !
DANIEL !
SALUT, VIEUX !
QU'EST-CE QUE JE TE SERS ?
COMME D'HABITUDE.
TU SAIS, J'AI TOUJOURS RÊVÉ DE FAIRE UNE PETITE HALTE EN RENTRANT DU TRAVAIL.
ET J'IMAGINAIS BIEN UN ENDROIT COMME ÇA...
...UNE AMBIANCE CHALEUREUSE... DES GENS SYMPA...
KIRKMAN & SCOTT
...MAIS JE NE PENSAIS PAS QUE CE SERAIT UNE PHARMACIE.
CAISSE
...ET UN POT DE MYTOSIL. ÇA FERA 200 FRANCS.
VITAMINEZ-VOUS
VITAMINEZ-VOUS
CANNE -50%

TU SAIS, WANDA, AÏCHA M'ÉPUISE LITTÉRALEMENT !
LE MEILLEUR CONSEIL QU'ON M'AIT DONNÉ QUAND J'AI EU JUSTINE, C'EST : DORS QUAND BÉBÉ DORT.
" DORS QUAND BÉBÉ DORT", HEIN ? INTÉRESSANT...
KIRKMAN & SCOTT
J'IMAGINE QU'AINSI, MES DOMESTIQUES POURRONT FAIRE LA VAISSELLE ET LA LESSIVE SANS M'AVOIR DANS LES JAMBES !
J'AI DIT "LE MEILLEUR" ? JE PENSAIS "LE PLUS DRÔLE".

Placez la dinde farcie dans un plat à rôtir.
PLAT À RÔTIR, ZUT ! J'AI OUBLIÉ DE SORTIR LE PLAT À RÔTIR !
KIRKMAN & SCOTT

IIIPAAIIIK !
BAM ! BAM ! BAM ! BAM ! BAM !
BOUMIYAPPAMOUMIII TOUKOUIIP !
CLANG ! CLANG ! CLANG ! CLANG !
ABBABABBAGOUPI ! MOBBAPIIKII !
BANG ! BLAM ! BANG ! BLAM ! BLAM !
MAMANOUIIKAPABANA !
BON, JE CROIS QU'ON N'AURA PAS LA GRÂCE D'UN MOMENT DE CALME.
QUOI ???
BANG ! BANG !
KIRKMAN & SCOTT

JOYEUX THANKSGIVING À VOUS AUSSI, M'MAN!
JE SAIS... VOUS NOUS MANQUEZ AUSSI, TOUS LES DEUX.
SANS LES RHUMATISMES DE PAPA, VOUS SERIEZ LÀ, AVEC NOUS!
KIRKMAN & SCOTT
LES RHUMATISMES DE PAPY! VOILÀ POURQUOI JE VAIS REMERCIER LE CIEL
CHUT!

MMM, DIS DONC! CETTE FARCE ÉTAIT SUPER, WANDA!
FERME ET TENDRE, AVEC UN LÉGER GOÛT SUCRÉ.
MERCI. C'EST MA FARCE GINGIVALE.
"FARCE GINGIVALE"?
IL N'Y AVAIT PLUS DE PAIN, ALORS J'AI PRIS DES BISCUITS DE DENTITION.
KIRKMAN & SCOTT

TU PEUX LAVER LA CHAISE DE JUSTINE PENDANT QUE JE LA BAIGNE?
OK.
KIRKMAN & SCOTT
LAVAUTO

BÉBÉ BLUES®

RICK KIRKMAN / JERRY SCOTT

TU TE SOUVIENS, LA SEMAINE DERNIÈRE, QUAND J'AI PARLÉ D'AVOIR UN AUTRE ENFANT?
OUI...
EH BIEN, J'ÉTAIS EN FAIT PRESQUE À MOITIÉ SÉRIEUSE, DANS UN SENS.
...JE CROIS.
TU ES SÛRE?
KIRKMAN & SCOTT

OK, JUSTINE, ÇA SUFFIT AVEC TÉLÉTUBBIES.
CLICK!
ALLONS! ON ÉCOUTE CETTE CASSETTE DEPUIS UNE HEURE! PAPA EN A ASSEZ!
OUINN
KIRKMAN & SCOTT
D'ACCORD! D'ACCORD! JE VAIS LA REMETTRE!
OUUIINNN
VOUS ÉCOUTEZ LES TÉLÉTUBBIES? ÇA TOMBE BIEN, JE VIENS D'ACHETER LEUR DERNIÈRE CASSETTE POUR JUSTINE.
AÏEEE!

REGARDEZ-MOI CETTE PIÈCE!
JE TOURNE LE DOS UNE SECONDE, C'EST LA PAGAILLE. POURQUOI M'ÉCHINER? À QUOI BON? JE SUIS LA BONNE, DANS CETTE MAISON!
KIRKMAN & SCOTT
C'EST MON IMAGINATION, OU ON AURAIT DIT MA MÈRE?
TA MÈRE? ON AURAIT DIT LA MIENNE!

I NOUPIIOUMIEOUP OMOUPIINOMMA!
CHUT! JUSTINE! MAMAN ET PAPA REGARDENT LA TÉLÉ!
TAANAMMADOUPOMOUKIE!
INUTILE. IL FAUT UTILISER L'ARME SECRÈTE.
PEUT-ÊTRE...
DRING! DRING! OH, 'JOUR PAPY, MAMY! JUSTINE VEUT VOUS DIRE "BONJOUR"!
KIRKMAN & SCOTT
C'EST UN POUVOIR EFFRAYANT... ATTENTION DE NE PAS EN ABUSER.
EH, C'EST L'HEURE DE "FRIENDS"!

QUEL FILM ALLEZ-VOUS VOIR?
"JURASSIC PARK."
"JURASSIC PARK"?? VOUS N'AVEZ PAS ENCORE VU "JURASSIC PARK"?
C'EST PAS CROYABLE! COMMENT PEUT-ON ATTENDRE AUSSI LONGTEMPS POUR ALLER VOIR UN FILM COMME ÇA!?
KIRKMAN & SCOTT
CES GRANDS REPTILES NE SERONT PAS LES SEULS DINOSAURES DANS LA SALLE, CE SOIR.
N'EN RAJOUTE PAS.

AU REVOIR, YOLANDE!
ÇA DEVRAIT TE SUFFIRE POUR UN MOMENT!
EN CAS DE BESOIN, FAIS-LE MOI SAVOIR... J'EN AI ENCORE PLEIN!
KIRKMAN & SCOTT
DE LA FARINE?
DES CONSEILS.

BÉBÉ BLUES®

RICK KIRKMAN / JERRY SCOTT

PA PA!
AÏE!
AÏE! AÏE! AÏE! AÏE!
CRAC!
AÏE! AÏE! OOUUPS!
KIRKMAN & SCOTT
BESOIN D'AIDE?
NON, MERCI... J'EN AI DÉJÀ.

C'ÉTAIT COMMENT, LES MAGASINS?
KIRKMAN & SCOTT

MAMAN! MAMAN! MAMAN! MAMAN! MAMAN!
QUAND J'ÉTAIS PETITE, LES ENFANTS ÉTAIENT POLIS ET OBÉISSANTS! PAS DE CAPRICE, NI DE COLÈRE...
MAMAN! MAMAN! MAMAN!
TU VAS LA BOUCLER! TU VOIS PAS QUE MAMAN PARLE??!
OUUIIINNN!
OÙ VONT-ILS DONC PÊCHER CES MANIÈRES?
KIRKMAN & SCOTT

ELLE A ÉTÉ SAGE CE SOIR!
ÇA, OUI.
GENTILLE. JE N'EN REVIENS PAS! ELLE A TOUT MANGÉ... ELLE A AIMÉ LE BAIN... ELLE EST MÊME ALLÉE AU LIT SANS FAIRE D'HISTOIRES!
JE SAIS.
KIRKMAN & SCOTT
TU CROIS QUE ÇA CACHE QUELQUE CHOSE?

PAPA NE VA PAS TARDER, JUSTINE.
PA-PA? PA-PA? PA-PA? PA-PA? PA-PA? PA-PA? PA-PA? PA-PA? PA-PA? PA-PA? PA-PA? PA-PA?
'SOIR, TOUT LE MONDE! PAPA EST RENTRÉ!
DIEU MERCI!
KIRKMAN & SCOTT
MA-MAN? MA-MAN? MA-MAN? MA-MAN? MA-MAN? MA-MAN? MA-MAN? MA-MAN? MA-MAN? MA-MAN?

HÉ! RENDS-MOI MON JOGGING!
RAMÈNE CES CHAUSSETTES ICI!
KIRKMAN & SCOTT
JUSTINE! LA CHAUSSURE DE PAPA!
JE CROYAIS QUE TU ALLAIS COURIR.
PEUX PAS! JE N'AI PLUS D'ÉNERGIE.

BÉBÉ BLUES®

RICK KIRKMAN / JERRY SCOTT

VOILÀ L'AVION... OUVREZ LE HANGAR!
RATÉ. ELLE N'AIME PAS.
VOILÀ LE BATEAU... LEVEZ LE PONT.
RATÉ. ELLE N'AIME PAS.
KIRKMAN & SCOTT
VOILÀ LE CAMION À ORDURES... OUVREZ LA BENNE!
HÉ!

À SIX MOIS:
OUPS! MAMAN VA T'ESSUYER LE MENTON...
KIRKMAN & SCOTT
À QUINZE MOIS:
AMÈNE LE TUYAU D'ARROSAGE!

GNAM GNAM GNAM
GNAM GNAM GNAM GNAM GNAM GNAM
KIRKMAN & SCOTT
OUIINN!
VITE! UN AUTRE ANNEAU DE DENTITION!
À QUEL ÂGE LES MOLAIRES SONT-ELLES SUPPOSÉES TOMBER ?

BON SANG ! CES LUNETTES SONT D'UN SALE !
JE N'ÔTERAI JAMAIS CES TRACES DE PIED SUR LES VERRES !
TU T'ES ENTENDU ? AU LIEU DE DIRE "TRACES DE DOIGT", TU AS DIT "TRACES DE PIED" !
HEIN ?
NON, RIEN.
KIRKMAN & SCOTT

QU'EST-CE QUE TU FAIS ?
JE RABAISSE LE SOMMIER DE JUSTINE.
D'APRÈS LE MANUEL, ÇA ÉLÈVE LA RAMBARDE, CE QUI L'EMPÊCHE DE SORTIR TOUTE SEULE ET DE FAIRE DES BÊTISES.
ÇA INCLUT AUSSI L'ADOLESCENCE ?
CE N'EST PAS PRÉCISÉ...
KIRKMAN & SCOTT

AÏE !
QU'EST-CE QU'IL Y A ?
JUSTINE M'A MORDU ! J'ÉTAIS OCCUPÉ ET ELLE M'A MORDU LE BRAS !
LE LIVRE DIT QU'IL FAUT LA FAIRE LÂCHER, ET LUI DIRE DE NE PAS RECOMMENCER.
OK. JUSTINE, NE MORDS PAS LE BRAS DE PAPA !
ÇA MARCHE ?
OUI ET NON.
KIRKMAN & SCOTT

BÉBÉ BLUES®
RICK KIRKMAN / JERRY SCOTT
TOC TOC...
'VOIR JUSTINE! 'VOIR MAMAN!
'LUT JUSTINE! 'LUT SA MAMAN!
...ET C'EST LA MAMAN DE JUSTINE.
...ET SI MAMAN VEUT BIEN SIGNER, CE SERA TOUT!
SORTIE
SOLDE
KIRKMAN & SCOTT
VOTRE NOM EST "maman"?
NOM, IDENTITÉ ET PROFESSION. PLUTÔT PRATIQUE, HEIN?

LA PHOTO DU PERE NOEL
A une semaine de Noël, absolument rien dans la maison, Pas même Wanda, mon épouse, n'était à l'unisson.
Nos achats pourtant faits, elle était tourmentée... Les cartes de vœux lui causaient de l'anxiété.
Decembre
Ne pas envoyer, était-elle convaincue, Ferait penser à tous que votre heure est venue.
C'est alors qu'elle tomba dans le piège d'une publicité : "Ici, photo gratuite du Père Noël avec votre bébé !"
À suivre...

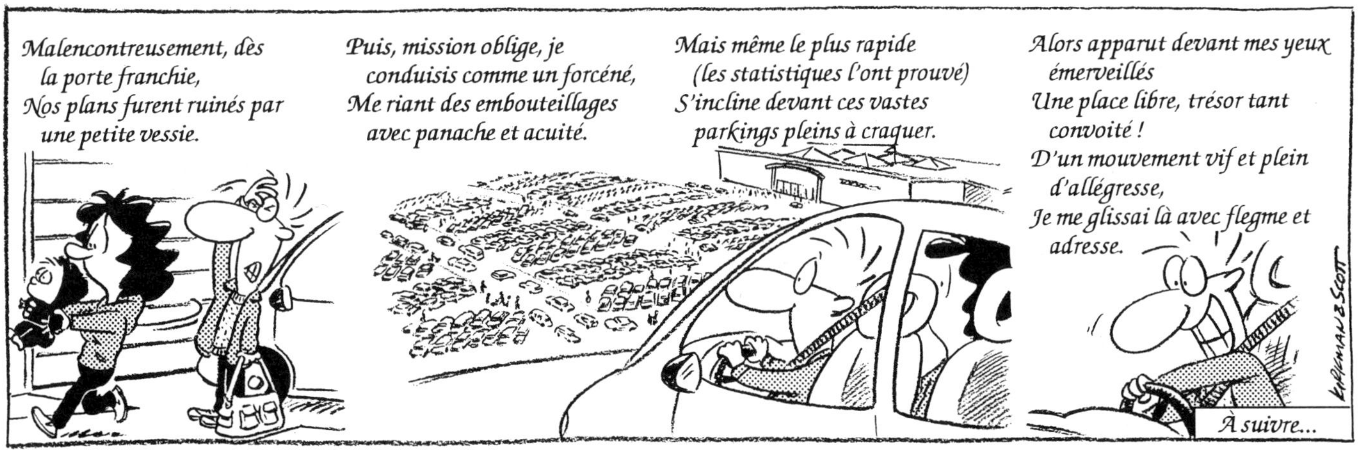
Malencontreusement, dès la porte franchie, Nos plans furent ruinés par une petite vessie.
Puis, mission oblige, je conduisis comme un forcené, Me riant des embouteillages avec panache et acuité.
Mais même le plus rapide (les statistiques l'ont prouvé) S'incline devant ces vastes parkings pleins à craquer.
Alors apparut devant mes yeux émerveillés Une place libre, trésor tant convoité ! D'un mouvement vif et plein d'allégresse, Je me glissai là avec flegme et adresse.
À suivre...

Les autres errants, alors, dans leur déconfiture Sifflèrent et hurlèrent et m'abreuvèrent d'injures.
"Espèce de %#$ø!" "Tire-toi de là ! C'est ma place!" "J'avais la priorité!" Mais je restai de glace. Vers la façade du complexe, vers les portes d'entrée, Nous filions! nous filions! nous approchions des allées!
Affairés comme des fourmis sur les restes d'un pique-nique, Nous allions faire de cette sortie un succès magnifique.
Puissants, prompts et déterminés nous nous faufilâmes Dans la masse des clients, des cadeaux et des réclames.
Soldes
À suivre...

Sous un toit de sucre candi, loin à l'horizon, Des sabots en mousse pour un renne en carton !
Dressé sur mes orteils entre les camelots, Je découvris alors un bien triste tableau. Vêtu de fausse fourrure, il avait le front suant, Et des habits maculés de pleurs et de bave d'enfants.
BZZZZZT!
On avait entassé dans un sac des jouets et des bidules Pour calmer les bambins photographiés avec ce nul. Mon instinct paternel me fit aussitôt tiquer : Sûr qu'on allait faire la queue jusqu'à fin février.
KIRKMAN & SCOTT
À suivre...

La file de tous ceux qui attendaient pour ce charlot S'étirait de Darty à la Fnac, et sur les trois niveaux. Nous regardâmes tout cela avec force incrédulité... Nous voulions une photo mais sans contrariété !
Comme on attendait, décidés, motivés, la rage au cœur, La queue dépassa doucement l'échoppe d'un déstockeur.
Tous serrés et étouffés, dans l'attente de ce lutin, Je commençais à ruminer, à pester, à maudire le destin. Un plissement de ses paupières, un signe de tête inquiétant Confirmèrent mon pressentiment d'un désastre imminent.
HONK!
KIRKMAN & SCOTT
À suivre...

Soudain et sans mot dire, le barbu se leva. Faisait-il une pause ? Doucement il s'éloigna
Sentant en moi des bouffées de colère monter, J'escaladai une plante verte devant la foule figée.
Furieux, je m'exclamai : "Hé, on est encore là !" Mais dans un haussement d'épaules, il partit et nous laissa.
Avant qu'il ne disparaisse, je l'entendis s'exclamer : "Encore trois centres à faire, va falloir se presser !"
KIRKMAN & SCOTT
Fin

BÉBÉ BLUES®

RICK KIRKMAN / JERRY SCOTT

HUMM... MIGNON, MAIS PAS ADORABLE.
JOLI SOURIRE, GRANDES OREILLES... CHAUVE... TROP GROS... TROP MAIGRE...
ÇA Y EST ! ! C'EST PROUVÉ ! NOUS AVONS TOUJOURS LE PLUS BEAU BÉBÉ DU MONDE !
KIRKMAN & SCOTT
CES PHOTOS ATTISENT VRAIMENT TON ESPRIT DE COMPÉTITION, N'EST-CE PAS, WANDA ?
PAS DE BLA-BLA... DES FAITS.

C'EST UNE TRADITION DANS MA FAMILLE DE DÉFAIRE LE SAPIN DE NOËL LE 2 JANVIER.
CHEZ MOI AUSSI.
KIRKMAN & SCOTT
IL FAUT RESPECTER LES TRADITIONS.
OUAIS, OUAIS.
NOUS N'AVONS PAS DE TRADITIONS À NOUS, NON ?
BIEN SÛR QUE SI... TU TE SOUVIENS ?
OH, OUI. REMETTRE AU LENDEMAIN.
LES DÉCORATIONS DE NOËL RANGÉES POUR PÂQUES... UN BON OBJECTIF.

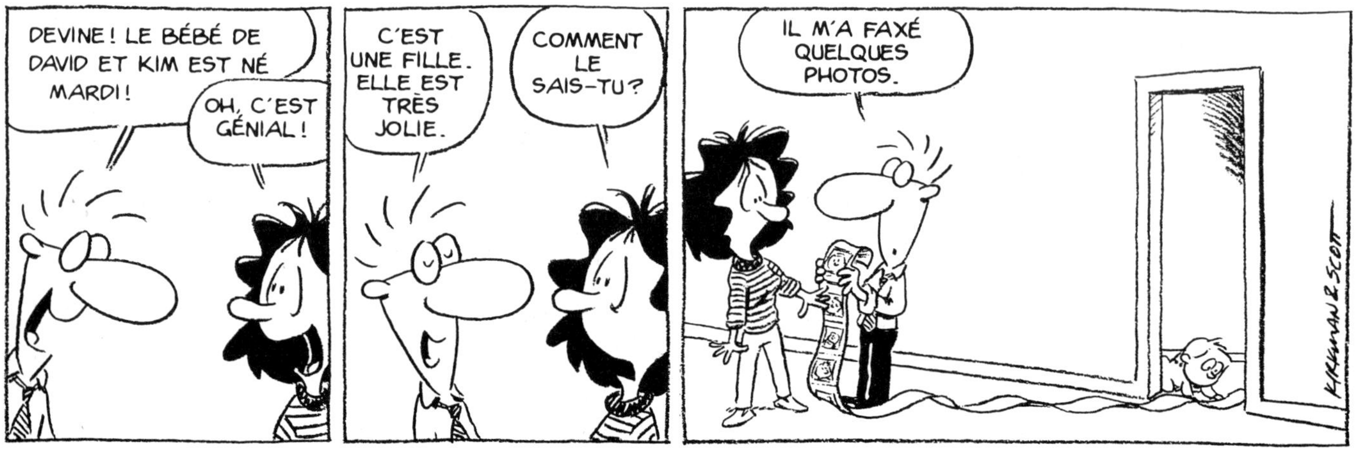
DEVINE ! LE BÉBÉ DE DAVID ET KIM EST NÉ MARDI !
OH, C'EST GÉNIAL !
C'EST UNE FILLE. ELLE EST TRÈS JOLIE.
COMMENT LE SAIS-TU ?
IL M'A FAXÉ QUELQUES PHOTOS.
KIRKMAN & SCOTT

REGARDE CES PHOTOS.
NOUS ALLIONS PARTIR À L'HÔPITAL.
ET LÀ, NOUS ALLIONS REVENIR À LA MAISON.
UNE FILLE
FÉLICITATION
TU PARLES D'UN BAPTÊME DU FEU.
OÙ EST LE BÉBÉ ?
KIRKMAN & SCOTT
PHOTOS

QUE FAIS-TU ?
JE REGARDE DES PHOTOS.
REGARDE... LÀ, C'EST JUSTE APRÈS AVOIR RAMENÉ JUSTINE À LA MAISON...
...ET LÀ, JE LA NOURRIS... LÀ, TU LA TIENS... LÀ, ON LA CHANGE... JE LA NOURRIS... TU LA TIENS... ON LA CHANGE... ELLE FAIT SON ROT... CET ALBUM EST REMPLI DE MOMENTS INOUBLIABLES.
OUI.
NOUS AVIONS PRIS BEAUCOUP DE PHOTOS CE JOUR-LÀ, NON ?
JUSTINE VOL I
KIRKMAN & SCOTT

REGARDE ! C'EST LA PHOTO QUE J'AI PRISE LE JOUR OÙ LE CORDON OMBILICAL EST TOMBÉ.
PHOTOS
OUI.
PHOTOS
KIRKMAN & SCOTT
PHOTOS
TU AS BONNE MINE QUAND TU ES ÉVANOUI.
J'ÉTAIS JUSTE UN PEU ÉMOTIF À L'ÉPOQUE, C'EST TOUT !
PHOTOS

BÉBÉ BLUES®

RICK KIRKMAN / JERRY SCOTT

OBJECTIFS:
AVANT
•Grosse promotion •Vacances en Europe
•Retraite précoce• Chalet à la montagne
APRÈS
•Nuits complètes •Dîner et un film
•Ménage •Enfant propre
KIRKMAN & SCOTT

HÉ, WANDA! JE VIENS D'AVOIR UNE IDÉE POUR QUE JUSTINE FASSE LA SIESTE SANS HISTOIRES.
OH, C'EST RÉGLÉ DEPUIS UNE SEMAINE. JE PENSAIS TE L'AVOIR DIT.
JE DÉTESTE QUE TU PASSES LES ÉTAPES PLUS VITE QUE MOI.
KIRKMAN & SCOTT

JE N'ARRIVE PAS À CROIRE QUE NOUS PUISSIONS IMAGINER D'AVOIR UN AUTRE ENFANT!
TU TE SOUVIENS DES NUITS BLANCHES? DES COLIQUES? DE L'ALLAITEMENT?
KIRKMAN & SCOTT
PAS VRAIMENT
MOI NON PLUS.
AMNÉSIE PARENTALE
La raison pour laquelle les gens ont d'autres enfants.

WOUAP! WOUAP!
HI! HI! HI!
JE VOIS QUE TU AS ENCORE LAISSÉ PAPA TE COIFFER.
HÉ!
KIRKMAN & SCOTT

♪ HMM HMM MM ♪ MM HMM ♪
AAAAAAAAGH!
KIRKMAN & SCOTT
TU AS OUBLIÉ QUE TU PORTAIS QUELQU'UN, HEIN?
MON CŒUR! IL BAT TOUJOURS?

SCRIIIITCH!
KIRKMAN & SCOTT
TROP TARD. C'EST DÉJÀ TROP PETIT.
ENCORE!
A CHAT D'HABITS DURANT LA CROISSANCE

BÉBÉ BLUES®

RICK KIRKMAN / JERRY SCOTT

ALLÔ?
'LUT WANDA? C'EST NOËL... DANIEL EST LIBRE?
PAS VRAIMENT... IL CHANGE JUSTINE.
!!!!!!!!!!
STOP! STOOOP!
... IL PEUT TE RAPPELER DANS UNE HEURE?
KIRKMAN & SCOTT

COMMENT FAIT LE CHIEN?
OUAF! OUAF!
COMMENT FAIT LA VACHE?
MEUUUH!
COMMENT FAIT PAPA?
RONFIIE-EONF!
JE SUIS D'AC-CORD.
OK! OK! PEUT-ÊTRE QUE JE RONFLE UN PEU...
KIRKMAN & SCOTT

DANIEL, TU VEUX BAIGNER JUSTINE ET LA METTRE EN PYJAMA PENDANT QUE JE NETTOIE LA CUISINE?
QUI? MOI? C'ÉTAIT MOI LA DERNIÈRE FOIS! JE SUIS OCCUPÉ! FATIGUÉ! FICHE-MOI LA PAIX, QUOI!
BIEN SÛR.
LE SECRET D'UN BON MARIAGE: RÉFLÉCHIR VITE ET SE TAIRE.
KIRKMAN & SCOTT

DONC, NOUS PENSONS QUELQUE PEU À AVOIR UN AUTRE BÉBÉ.
UN AUTRE BÉBÉ? SUPER! QU'EST-CE QUI VOUS ARRÊTE?
LE PREMIER.
TU ES SÛRE QUE TU N'AS PAS SOMMEIL, JUSTINE? MÊME PAS UN TOUT PETIT PEU?
KIRKMAN & SCOTT

ET SI JUSTINE CESSAIT D'ÊTRE UNE ENFANT ADORABLE POUR DEVENIR UNE ADO GÂTÉE?
ALLONS, WANDA! TU T'INQUIÈTES POUR SON AVENIR, TU T'INQUIÈTES POUR SON PASSÉ, POUR SON PRÉSENT...
...SI TU NE CESSES DE T'INQUIÉTER AUTANT, TU VAS DEVENIR FOLLE!
ÇA M'INQUIÈTE AUSSI.
KIRKMAN & SCOTT

J'AI UNE IDÉE! SI ON ALLAIT FAIRE UN BONHOMME DE NEIGE!
KIRKMAN & SCOTT
IL N'EST PAS PRÉVU DE NEIGE AVANT DEMAIN.
OUI, MAIS JE NOUS CONNAIS, LE TEMPS QU'ON SOIT PRÊT, CE SERA DEMAIN.

BÉBÉ BLUES®

RICK KIRKMAN / JERRY SCOTT

KIRKMAN & SCOTT
ON A RETROUVÉ TOUS LES FEUTRES QUE JUSTINE A FAIT TOMBER HIER ?
SAUF UN. POURQUOI ?

TOUJOURS OCCUPÉE À RANGER LES VIEUX HABITS DE JUSTINE ?
OUI.
KIRKMAN & SCOTT
POURQUOI EST-CE SI LONG ?
JE DOIS D'ABORD EN EXTRAIRE TOUS LES SOUVENIRS.

TU FAIS QUOI ?
LA LISTE DES COURSES.
VOILÀ ! ÇA DEVRAIT ALLER !
C'EST TOUT ? IL NE FAUT RIEN D'AUTRE ?
NOUS N'AVONS PAS FAIT LES COURSES DEPUIS DEUX SEMAINES... C'EST CE DONT NOUS N'AVONS PAS BESOIN.
JE SORS LA VOITURE.
KIRKMAN & SCOTT

OUUIIHN !
#✩◎!!
PA-PA
POURQUOI LES BÉBÉS SONT-ILS SI TROGNONS LA NUIT ?
INSTINCT DE SURVIE.
KIRKMAN & SCOTT

IL ÉTAIT UNE... (OUF ! AÏE !) JUSTINE ! STOP !
...FOIS (GRUNT !) UNE (ARF !) BELLE-ASSEZ !-PRINCESSE...
KIRKMAN & SCOTT
...QUI-S'IL TE PLAÎT-VIVAIT DANS UN SU-(OUCH ! GRFF !) PERBE (ARF ! ARF !) CHÂTEAU DANS UN PAYS-WOUA !-LOINTAIN.
JE NE SAIS PAS POURQUOI CES CONTES NE L'ENDORMENT PAS... MOI ILS M'ÉPUISENT !

J'ADORE QUAND ON FAIT DU SHOPPING TOUS LES TROIS.
SOLDES JANVIER
MOI AUSSI. ÇA NOUS FAIT UNE SORTIE. ÇA SORT UN PEU DE L'ORDINAIRE.
DE PLUS, C'EST BIEN DE SAVOIR QUE TU SURVEILLES JUSTINE PENDANT QUE JE REGARDE.
HO, HO...
KIRKMAN & SCOTT

BÉBÉ BLUES®

RICK KIRKMAN / JERRY SCOTT

OÙ EST JUSTINE ?
COMMENT ÇA, "OÙ EST JUSTINE ?" JE PENSAIS QUE TU LA SURVEILLAIS !
OH, CIEL ! ELLE A DISPARU !
OH, CIEL ! ELLE A DISPARU !
SOLD
KIRKMAN & SCOTT
ELLE ÉTAIT LÀ À L'INSTANT ! OÙ PEUT-ELLE BIEN ÊTRE ?
ELLE ÉTAIT LÀ À L'INSTANT ! OÙ PEUT-ELLE BIEN ÊTRE ?
POURQUOI RÉPÈTES-TU TOUT CE QUE JE DIS ?
PARCE QUE J'AI TROP PEUR DE DIRE CE QUE JE PENSE.

JUSTINE ? JUSTINE ? OÙ ES-TU ?
COMMENT A-T-ELLE PU ?
CABINES D'ESSAYAGE
KIRKMAN & SCOTT
JUSTINE ? JUSTINE ? JUSTINE ?
COMMENT NOTRE BÉBÉ PEUT-IL ERRER DANS UN MAGASIN ? ON EST BONS CITOYENS... UNE FAMILLE NORMALE...
CES CHOSES-LÀ SONT CENSÉES N'ARRIVER QU'AUX AUTRES !
C'EST LE PROBLÈME – NOUS SOMMES TOUS DES "AUTRES".

JE N'ARRIVE PAS À Y CROIRE !
JE NE LA VOIS NULLE PART !
ELLE N'A PAS PU ALLER LOIN... JE VAIS VOIR AU RAYON "SPORTS", TOI À LA "LINGERIE".
OUPS !
OK, OK... JE VAIS À LA "LINGERIE", ET TOI AUX "SPORTS".
BIEN... BIEN...
KIRKMAN & SCOTT

ACCUEIL CLIENTS
DANIEL ! JE L'AI TROUVÉE ! J'AI TROUVÉ JUSTINE !
OH, MERCI MON DIEU ! OÙ ÉTAIT-ELLE ?
AU RAYON VIDÉO. J'AI PISTÉ LES MIETTES, ET L'AI TROUVÉE ASSISE DEVANT UNE TÉLÉ.
GÉNIAL ! COMMENT AS-TU PENSÉ À ÇA ?
FACILE, C'EST COMME ÇA QUE JE TE TROUVE LE WEEK-END.
KIRKMAN & SCOTT

OH, MERCI MON DIEU. ON A TROUVÉ JUSTINE.
PAPA ET MAMAN ÉTAIENT SI INQUIETS DE T'AVOIR PERDUE.
ÇA N'ARRIVERA PLUS JAMAIS, HEIN DANIEL ?
PLUS JAMAIS.
BIEN, JE PENSE QU'ON DEVRAIT RENTRER À LA MAISON.
KIRKMAN & SCOTT

TU SAIS, JE N'AI JAMAIS AIMÉ CES LONGES POUR ENFANTS, MAIS JE COMMENCE À M'Y HABITUER.
MOI AUSSI.
DEPUIS QUE JUSTINE S'EST ÉGARÉE DANS LE MAGASIN, L'AUTRE JOUR, JE ME SUIS PROMIS DE NE PLUS JAMAIS LA PERDRE.
KIRKMAN & SCOTT
BIEN SÛR, CE SERA DE PLUS EN PLUS DIFFICILE AVEC L'ÂGE.
JE ME DEMANDE SI ON EN TROUVERA UNE QUI AILLE AVEC SA ROBE DE BAL ?

BÉBÉ BLUES®

RICK KIRKMAN / JERRY SCOTT

TU NE VAS PAS LE CROIRE! JUSTINE S'EST COUCHÉE SANS HISTOIRES!
TU VEUX RIRE.
NON! JE L'AI MISE DANS SON BERCEAU, ET ELLE S'EST ENDORMIE AUSSITÔT!
WOUAH! CE SERA LA PREMIÈRE FOIS EN UN AN ET DEMI QU'ON NE PASSE PAS LA MOITIÉ DE LA NUIT DANS SA CHAMBRE!
OUUIINNN!
KIRKMAN & SCOTT

ALLÔ ?
'LUT WANDA... ICI YOLANDE.
SALUT! QUOI DE NEUF ?
UNE QUESTION DE MATHS RELATIVE AUX BÉBÉS À TE POSER...
...COMMENT CENT VINGT GRAMMES DE LAIT DONNENT-ILS DEUX LITRES DE RENVOI ?
KIRKMAN & SCOTT

MO-MOU MA-MA ?
C'EST POUR MOI ?
TU AS APPORTÉ ÇA POUR MAMAN? GENTILLE FILLE! MERCI BEAUCOUP, JUSTINE. C'EST BIEN!
MAMAN VA LE RANGER DANS UN ENDROIT TRÈS SPÉCIAL...
KIRKMAN & SCOTT

JE T'AI VUE!
QUOI?
JUSTINE T'A FAIT UN CADEAU, ET PENDANT QU'ELLE NE REGARDAIT PAS, TU L'AS JETÉ À LA POUBELLE! ÇA VEUT DIRE QUOI?
OÙ EST LA CONFIANCE?... OÙ EST L'HONNÊTETÉ?
...OU EST LA JAVEL?
BLAM!
KIRKMAN & SCOTT

LE DÎNER EST PRÊT!
KIRKMAN & SCOTT
AH! DES SPAGHETTI!

JE DÉPENSAIS BEAUCOUP EN VÊTEMENTS AVANT QUE JUSTINE NE SOIT NÉE.
MAIS ELLE A AJOUTÉ UNE NOUVELLE DIMENSION À MA VIE, ET L'APPARENCE N'EST PLUS AUSSI IMPORTANTE QU'AVANT.
KIRKMAN & SCOTT
GRÂCE À LA PATERNITÉ, DEPUIS L'ENFANCE, JE NE M'ÉTAIS PAS SENTI AUSSI BIEN D'ÊTRE SI MAL HABILLÉ!

BÉBÉ BLUES®
RICK KIRKMAN / JERRY SCOTT
'LUT! CONTENT DE VOUS VOIR. QUOI DE NEUF ?
ON ARRIVE !
ÇA VA ÊTRE CHOUETTE DE REVOIR SAM ET CATHIE... ÇA FAIT DES MOIS !
LES VOILÀ... ILS NOUS ONT VUS.
OH, NON! JUSTINE S'EST ENDORMIE !
Z
ON LA PREND AVEC NOUS ?
NON! IL NE FAUT PAS !
Z
LE MOINDRE MOUVEMENT VA LA RÉVEILLER... ET TU SAIS COMMENT ELLE EST QUAND ON LA RÉVEILLE TROP TÔT...
OOH, OUI! NE M'EN PARLE PAS !
EH BIEN, QU'EST-CE QU'ON FAIT ?
Z
KIRKMAN & SCOTT

VOILÀ CETTE MAUDITE VOISINE PARFAITE, BLANCHE, AVEC SON CORPS PARFAIT, SES CHEVEUX PARFAITS, SES HABITS PARFAITS !
ON DIRAIT QU'ELLE ESSAIE DE ME FAIRE PASSER POUR UNE PAUVRE FEMME AU FOYER !
ELLE EST TRÈS FORTE...
KIRKMAN & SCOTT

WANDA, TU DOIS CESSER D'ÊTRE OBSÉDÉE PAR LA VOISINE.
SI ÇA T'ENNUIE QU'ELLE SEMBLE SI PARFAITE, IGNORE-LA !
KIRKMAN & SCOTT
VIS TA VIE ! NE REGARDE MÊME PLUS À TRAVERS CETTE FENÊTRE !
POURQUOI PENSES-TU QUE J'AI REGARDÉ PAR LA FENÊTRE ?
UNE NOUVELLE MARQUE DE MORSURE SUR LE STORE.
ELLE ME REND FOLLE...

AÏCHA ADORE LA POCHE, ON DIRAIT ?
TU AS BIEN COMPRIS.
ELLE EST DEDANS TOUT LE TEMPS... SI JE LA SORS DE LÀ, ELLE S'ÉNERVE JUSQU'À CE QUE JE LA REMETTE DEDANS ! C'EST BIZARRE !
OOH ! QUEL ADORABLE BÉBÉ !
KIRKMAN & SCOTT
GAR-ÇON ? FILLE ?
MARSUPIAL.

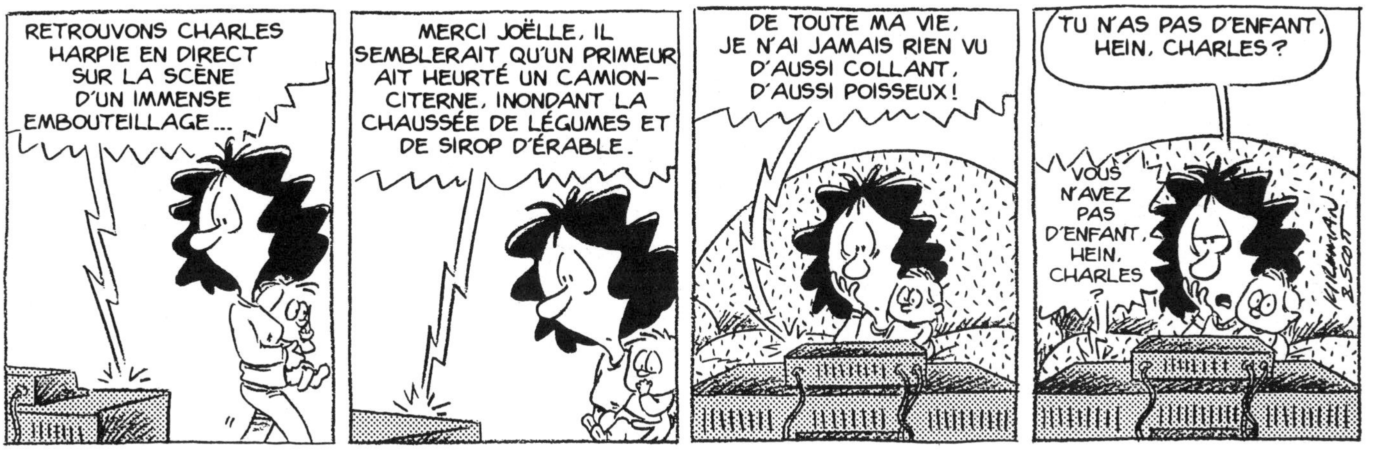
RETROUVONS CHARLES HARPIE EN DIRECT SUR LA SCÈNE D'UN IMMENSE EMBOUTEILLAGE...
MERCI JOËLLE. IL SEMBLERAIT QU'UN PRIMEUR AIT HEURTÉ UN CAMION-CITERNE, INONDANT LA CHAUSSÉE DE LÉGUMES ET DE SIROP D'ÉRABLE.
DE TOUTE MA VIE, JE N'AI JAMAIS RIEN VU D'AUSSI COLLANT, D'AUSSI POISSEUX!
TU N'AS PAS D'ENFANT, HEIN, CHARLES?
VOUS N'AVEZ PAS D'ENFANT, HEIN, CHARLES?
KIRKMAN & SCOTT

LA MAISON!
WOU-AH!
SCRIIIITCH!
ON A RÉUSSI À SORTIR DÎNER, VOIR UN FILM, MANGER UNE GLACE, ET RENTRER, TOUT ÇA EN TROIS HEURES ET DEMIE!
PAS MAL, HEIN?
KIRKMAN & SCOTT
RIEN N'AMÉLIORE AUTANT VOTRE EFFICACITÉ QU'UNE BABY-SITTER À TRENTE FRANCS DE L'HEURE!
STOPPEZ LE COMPTEUR! NOUS VOILÀ!

J'AI MAL AUX BRAS À FORCE DE PORTER LE BÉBÉ PARTOUT.
JUSTINE DOIT PESER TROIS FOIS PLUS QU'AÏCHA... COMMENT FAIS-TU?
SIMPLE...
GRUNT!
POP!
KIRKMAN & SCOTT
...AVEC L'ÂGE, ILS DEVIENNENT AUTOCOLLANTS.

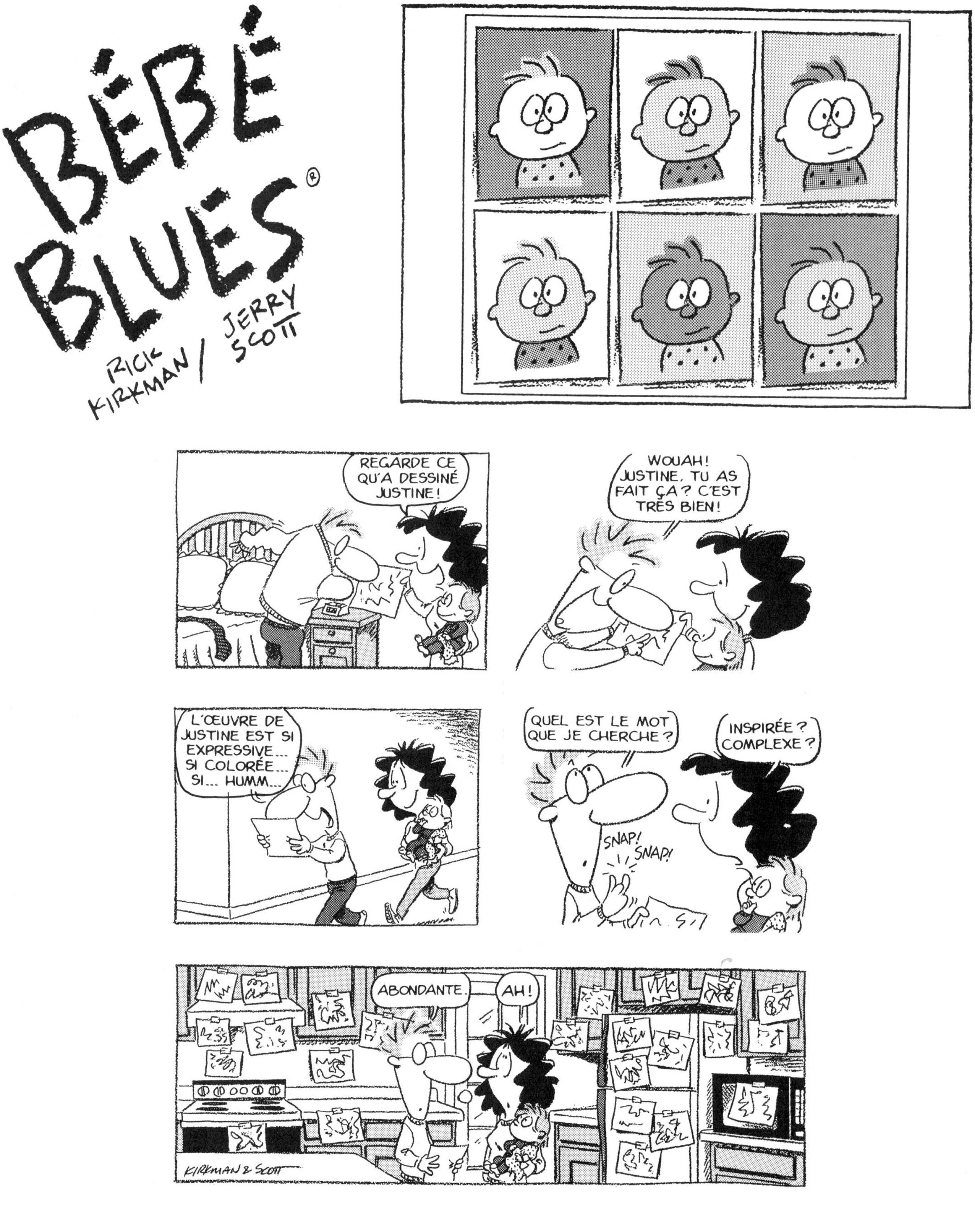
BÉBÉ BLUES®
RICK KIRKMAN / JERRY SCOTT
REGARDE CE QU'A DESSINÉ JUSTINE!
WOUAH! JUSTINE, TU AS FAIT ÇA? C'EST TRÈS BIEN!
L'ŒUVRE DE JUSTINE EST SI EXPRESSIVE... SI COLORÉE... SI... HUMM...
QUEL EST LE MOT QUE JE CHERCHE?
INSPIRÉE? COMPLEXE?
SNAP! SNAP!
ABONDANTE.
AH!
KIRKMAN & SCOTT

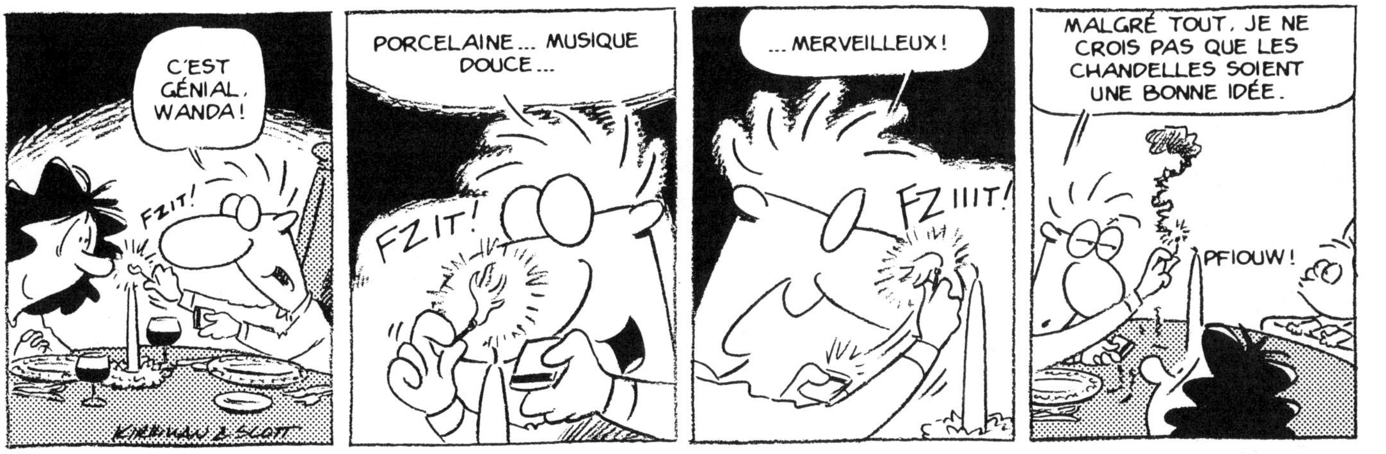
C'EST GÉNIAL, WANDA!
FZIT!
PORCELAINE... MUSIQUE DOUCE...
FZIT!
... MERVEILLEUX!
FZIIIT!
MALGRÉ TOUT, JE NE CROIS PAS QUE LES CHANDELLES SOIENT UNE BONNE IDÉE.
PFIOUW!
KIRKMAN & SCOTT

HÉ! QUELQU'UN A MORDU DANS CE CHOCOLAT ET L'A REMIS DANS LA BOÎTE.
C'EST LA CHOSE LA PLUS PUÉRILE, IMMATURE, ÉGOÏSTE QUE J'AIE JAMAIS VUE.
ON DIRAIT QUE C'EST JUSTINE.
OOOH... C'EST PAS MIGNON?
KIRKMAN & SCOTT

JE NE SAIS PAS POURQUOI ON GARDE CETTE VIEILLE COUVERTURE MITÉE.
BEURK!
OUUIINNN!
J'AI RIEN DIT.
DOU DOU!
KIRKMAN & SCOTT

PAM! PAM! PAM!
KIRKMAN & SCOTT
HOU HOU! HOU!
À LA PROCHAINE VISITE DE JUSTINE CHEZ LE DOCTEUR, DIS-LUI QUE CE N'EST PAS LA PEINE QU'IL VÉRIFIE SES RÉFLEXES.

R.U.P.G.
TEST DE GROSSESSE
KIRKMAN & SCOTT

PAS POSSIBLE QUE JE SOIS DÉJÀ ENCEINTE !
ON VEUT UN AUTRE ENFANT, MAIS JE N'AI JAMAIS CRU QUE ÇA ARRIVERAIT SI VITE !
EN Y PENSANT, CE FUT LA MÊME CHOSE AVEC JUSTINE... JE VOULAIS ÊTRE ENCEINTE – PAF ! – ENCEINTE !
QUAND MA PROF DE BIOLOGIE DISAIT QUE J'ÉTAIS DOUÉE, ELLE NE PLAISANTAIT PAS !
KIRKMAN & SCOTT

BÉBÉ BLUES®

RICK KIRKMAN / JERRY SCOTT

HUM... COMMENT DIRE À DANIEL QUE JE SUIS ENCEINTE ?
PEUT-ÊTRE EN LUI DONNANT DES INDICES... QU'IL DEVINE... OUI ! CE SERAIT...
JE SUIS ENCEINTE !
AÏE !
...SUBTIL.
KIRKMAN & SCOTT

TU AS BIEN COMPRIS... JE SUIS ENCEINTE !
WANDA, C'EST MERVEIL-LEUX !
TU RÉALISES CE QUE ÇA SIGNIFIE ? NOUS ALLONS ÊTRE **PARENTS** !
ON EST DÉJÀ PARENTS.
OUI, MAIS PEUT-ÊTRE QUE CETTE FOIS, LE BÉBÉ PENSERA QU'ON SAIT CE QU'ON FAIT.
KIRKMAN & SCOTT

ALORS, NOUS ALLONS AVOIR UN AUTRE BÉBÉ...
QUAND CROIS-TU...
...OH, OUI...
PAS DE DOUTE.
KIRKMAN & SCOTT
ÊTRE SI OCCUPÉ ET FATIGUÉ OFFRE L'AVANTAGE DE CERNER FACILEMENT LA DATE DE CONCEPTION.
SOUPIR !

ON LE DIT À QUI EN PREMIER ? TA FAMILLE OU LA MIENNE ?
OOOH... BONNE QUES-TION.
DANS TOUS LES CAS, L'UNE OU L'AUTRE SERA VEXÉE.
ALORS QUE FAIRE ?
KIRKMAN & SCOTT
DEVINE QUOI, M'MAN, ON EST ENCEINTE !

ALLÔ ? OH, 'JOUR M'MAN.
OUI, JE SAIS. NOUS AUSSI. ÇA VA ÊTRE SUPER D'AVOIR À NOUVEAU UN PETIT BÉBÉ À LA MAISON.
KIRKMAN & SCOTT
OH, HEU... OUI... ON L'A DIT AUX PARENTS DE DANIEL...
QUOI ??
M'MAN ! ON NE DIT PAS "PREMS" SUR UN PETIT ENFANT !
TROP TARD. MA MÈRE L'A DIT AVANT.

OH, SEIGNEUR ! JE SUIS ENCEINTE !
C'EST TELLEMENT EXCITANT !
IL Y A TANT DE CHOSES À PRÉVOIR...
TANT DE CHOSES À FAIRE...
...ME FAIRE POUSSER UN BRAS DE PLUS, PAR EXEMPLE...
KIRKMAN & SCOTT

BÉBÉ BLUES®
RICK KIRKMAN / JERRY SCOTT
GULP!
WOUAH ! DE NOUVEAU ENCEINTE! J'AI DU MAL À Y CROIRE!
EST-CE QUE JE VAIS PRENDRE DU POIDS? ÊTRE MALADE? EST-ÇE QUE LE BÉBÉ SERA...
GASP! ET SI C'EST UN GARÇON??
J'AI GRANDI AVEC UNE SOEUR! J'AI UNE FILLE! JE NE CONNAIS RIEN AUX PETITS GARÇONS!
LEUR FAÇON DE PENSER... LEUR FAÇON D'AGIR...
OH, MINUTE... MAIS SI... JE SUIS MARIÉE.
J'AI ENTENDU!
KIRKMAN & SCOTT

JE VAIS POSTER CETTE LETTRE SURVEILLE JUSTINE.
C'EST PAS LA PEINE DE ME LE DIRE, TU SAIS !
JE NE SUIS PAS IDIOT. JE SAIS QU'IL FAUT SURVEILLER LES PETITS. JE NE SUIS PAS UN NOVICE !
EST-CE QUE J'AI L'AIR À CE POINT INUTILE ?
KIRKMAN & SCOTT

TU SAIS CETTE CASSETTE QUE JUSTINE AIME TANT ?
TU PARLES DES TÉLÉTUBBIES ? JE LES DÉTESTE !
BIEN, TU SERAS CONTENT D'APPRENDRE QUE ÇA NE L'INTÉRESSE PLUS...
VRAIMENT ? SUPER !
...ELLE PRÉFÈRE LEUR ÉMISSION TÉLÉ.
AÏEEEE !
HÉ-OOO ! HÉ-OOO ! HÉ-OOO !
KIRKMAN & SCOTT

LES TÉLÉTUBBIES PASSENT À LA TÉLÉ, MAINTENANT ??
OUI... TOUS LES MATINS.
VOILÀ ! JE SAVAIS QUE CE PAYS ALLAIT MAL, MAIS ON A TOUCHÉ LE FOND ! QUELLE PREUVE FAUDRAIT-IL ENCORE ?
LEUR CATALOGUE DE VENTE ?
AÏEEEE !
KIRKMAN & SCOTT

NON! NON! NON! NON!
DANIEL, ÇA NE SERT À RIEN DE DIRE "NON". IL FAUT DIVERTIR SON ATTENTION!
SI CE QU'ELLE FAIT EST DANGEREUX, EMPÊCHE-LA DE CONTINUER... SI ÇA L'ENNUIE, DONNE-LUI AUTRE CHOSE À FAIRE...
KIRKMAN & SCOTT
ET SI ELLE COGNE SUR TES BOUCLES D'OREILLES NEUVES?
NON! NON! NON! NON!
CLACK! CLACK! CLACK!

CHUUT! JUSTINE! ON EST AU RESTAURANT, TAIS-TOI!
YAHIA!
CHUT!
YAHIA! YAHIA!
JE N'AI JAMAIS ÉTÉ AUSSI GÊNÉE DE MA VIE!
YAHIA! YAHIA! YAHIA?!
MÊME QUAND JE ME METS DES PAILLES DANS LE NEZ POUR QU'ELLE CESSE DE PLEURER?
L'ADDITION!
YAHIA!
KIRKMAN & SCOTT

TU AS DIT QUELQUE CHOSE?
MOI? NON.
HO, HO... JE PARIE QUE NOTRE RÉCEPTEUR CAPTE ENCORE CE QUI SE DIT CHEZ BLANCHE ET BRICE!
VRAIMENT? ÇA ARRIVE?
OH, OUI. À MOINS DE L'ÉTEINDRE OU DE CHANGER DE CANAL, ON ENTEND TOUT CE QUI SE PASSE CHEZ EUX!
C'EST TERRIBLE!
KIRKMAN & SCOTT

BÉBÉ BLUES®

RICK KIRKMAN / JERRY SCOTT

C'EST HONTEUX, CE QU'ON EST ENTRAIN DE FAIRE!
LE FAIT QUE NOTRE INTERPHONE CAPTE CELUI DE BRICE ET BLANCHE NE NOUS DONNE PAS LE DROIT DE LES ESPIONNER!
CE N'EST PAS BIEN! CE N'EST PAS HONNÊTE!
ILS VIENNENT JUSTE DE PARLER DE TOI.
...CE N'EST PAS ASSEZ FORT.
KIRKMAN & SCOTT

INCROYABLE. ON ENTEND TOUT CE QUI SE PASSE CHEZ BRICE ET BLANCHE.
C'EST LE CAS QUAND LES ONDES DE CES INTER-PHONES S'EMMÊLENT
TU AS ENTENDU ÇA? BLANCHE A DIT QUE NOTRE PELOUSE EST UNE HORREUR.
QUEL TOUPET! IL N'Y A RIEN DE PIRE QUE DE DIRE DU MAL DE QUELQU'UN DANS SON DOS!
BEN, PRESQUE RIEN...
CHUT! ILS SE MOQUENT DE NOS MEUBLES!
KIRKMAN & SCOTT

EH BIEN, TU AS ENTENDU? BRICE ET BLANCHE PENSENT QUE NOTRE PELOUSE EST UNE HORREUR!
ÇA ME MET EN ROGNE!
OUI! ILS AURAIENT PU NOUS EN PARLER!
À QUOI ÇA SERT DE DIRE DU MAL DANS LE DOS DES GENS? POURQUOI PRÉTENDRE AIMER QUELQUE CHOSE QUAND C'EST FAUX?
JE CROIS QU'ON NE SAIT PAS COMMENT SONT LES GENS TANT QU'ON NE LES A PAS ESPIONNÉS.
KIRKMAN & SCOTT

JE COMMENCE À CULPABILISER AVEC ÇA.
MOI AUSSI.
KIRKMAN & SCOTT
TU IMAGINES, PROFITER DE L'INTER-PHONE POUR ESPIONNER LES VOISINS !
OÙ AVONS-NOUS LA TÊTE ?
CLICK !
JE CROIS QUE NOUS DEVRIONS FAIRE DES EXCUSES À BLANCHE ET BRICE.
TU AS RAISON. ALLONS-Y.
'LUT ! ENTREZ ! NOTRE INTERPHONE CAPTE CELUI DE MARC ET YOLANDE, ON ENTEND TOUT CE QU'ILS DISENT !

VOTRE INTERPHONE CAPTE CELUI DE MARC ET YOLANDE ?
OUI ! ON ENTEND TOUT CE QU'ILS DISENT !
EH BIEN, NOTRE INTERPHONE CAPTE LE VÔTRE !
TU VEUX RIRE !
BON, DANS CE CAS, JE ME DEMANDE...
KIRKMAN & SCOTT
DU NOUVEAU ?
ILS SONT PARTIS... JE CROIS QU'ILS SONT ALLÉS CHEZ BLANCHE ET BRICE POUR JE NE SAIS QUOI...
DING-DONG !

NOUS SOMMES DÉSOLÉS DE VOUS AVOIR ESPIONNÉS À TRAVERS L'INTERPHONE.
NOUS SOMMES DÉSOLÉS DE VOUS AVOIR ESPIONNÉS À TRAVERS L'INTERPHONE.
NOUS SOMMES DÉSOLÉS DE VOUS AVOIR ESPIONNÉS À TRAVERS L'INTER-PHONE.
ET MAINTENANT, QUE FAIT-ON POUR SE DISTRAIRE ?
KIRKMAN & SCOTT

BÉBÉ BLUES®
RICK KIRKMAN / JERRY SCOTT
TU AS VU MES CLEFS, WANDA ?
ELLES SONT SUR LE MEUBLE !
PAPA EST PRESSÉ, JUSTINE. TU M'EN DONNES ?
KIRKMAN & SCOTT
HÉ ! TU AS MORDU DANS TA TARTINE ! TU M'IMPRESSIONNES...
...D'HABITUDE, TU ARRÊTES APRÈS AVOIR LÉCHÉ TOUT LE BEURRE !
AAARGH !
KOOF ! KOF !

DIS BONJOUR À PAPY, JUSTINE! BONJOUR PAPY!
HII! HII!
DADA DOUGIE MOMO MIIIIIIIII PIOU!
HA! HA! HA!
KIRKMAN & SCOTT
BON, JE RACCROCHE, P'PA... ON TE RAPPELLERA PLUS TARD!
MERCI, CHÉRIE. AU REVOIR!
POUR PASSER UN BON MOMENT, COMPOSEZ LE 04 05 55 10 70
Pour passer un bon moment composez le 04 05 55 10 70

ATTENDS... JE SAIS QUE C'EST PAR LÀ...
BÉBÉ ET VOUS
AH! VOILÀ: "...À L'ÂGE DE SIX MOIS, LE BÉBÉ DOIT FAIRE DES NUITS COMPLÈTES."
KIRKMAN & SCOTT
HA! HA! HA!
HA HA HA HA HA HA HA HA!
OUUIIINNN!
C'EST L'HEURE DES "GUIGNOLS", NON?
ET ALORS? ÇA, C'EST PLUS DRÔLE.

WANDA, JE SUIS SI CONTENTE QUE TU SOIS ENCEINTE! TU CROIS QUE CE SERA UN GARÇON OU UNE FILLE?
JE NE SAIS PAS.
ET TOI, QUE VEUX-TU QUE CE SOIT?
ZIP!
KIRKMAN & SCOTT
FLUSH!
FINI.

WANDA, TU AS VU MES CLEFS DE VOITURE ?
ELLES ÉTAIENT AVEC TES LUNETTES DE SOLEIL.
JE SAIS... MAIS JE NE VOIS PAS NON PLUS MES LUNETTES DE SOLEIL !
ELLES N'ÉTAIENT PAS SUR TA MALETTE ?
KIRKMAN & SCOTT
OUI, MAIS OÙ...?
...C'EST MOI, OU IL SE TRAME QUELQUE CHOSE ICI ?

QUELLE MATINÉE ! JUSTINE A PRIS MES CLÉS, ÉCRASÉ MES LUNETTES DE SOLEIL, RENVERSÉ DU JUS DE POMME DANS MA SERVIETTE, ET DÉTRUIT MA CALCULETTE AVEC SON MAILLET.
PUIS ELLE M'A REGARDÉ ET A SOURI, ET JE ME SUIS DIT QUE J'ÉTAIS UN SACRÉ VEINARD.
GLOU !
QU'EST-CE QUI M'ARRIVE ??
KIRKMAN & SCOTT

J'AI FAIT UNE SUPER VIDÉO DE JUSTINE DANS LE PARC !
ON POURRAIT FAIRE DES COPIES, ET EN ENVOYER À NOS PARENTS.
KIRKMAN & SCOTT
TU SAURAIS FAIRE ÇA ?
PAS DE PROBLÈME !
PROBLÈME !

BÉBÉ BLUES®

RICK KIRKMAN / JERRY SCOTT

TU TE SOUVIENS COMMENT C'ÉTAIT QUAND JUSTINE EST NÉE ?
OH, OUI... NOUS ÉTIONS UN COUPLE DE **NÉVROSÉS** !
KIRKMAN & SCOTT
JE SAIS ! MAIS À PRÉSENT QUE NOUS SAVONS À QUOI NOUS ATTENDRE, LES CHOSES DEVRAIENT ÊTRE DIFFÉRENTES AVEC LE NOUVEAU BÉBÉ.
ABSOLUMENT...
CETTE FOIS, NOUS SERONS UN COUPLE DE NÉVROSÉS EXPÉRIMENTÉS.

WANDA, C'EST FORMIDABLE QUE TU SOIS ENCEINTE ! FÉLICITATIONS !
MERCI BLANCHE.
J'ÉTAIS SI CONTENTE DE LA NOUVELLE QUE J'AI PLANTÉ DES HERBES, ORGANISÉ UN GROUPE DE BABY-SITTING, ET PRÉPARÉ CE SOUFFLÉ !
ET TOI, TU AS FAIT QUOI ?
J'AI VOMI.
KIRKMAN & SCOTT

WOUAH ! UN SOUFFLÉ ! TU AS...?
NE SOIS PAS RIDICULE. C'EST BLANCHE...
QUAND ELLE A SU, ELLE ÉTAIT SI CONTENTE QU'ELLE A PLANTÉ DES HERBES, ORGANISÉ UN GROUPE DE BABY-SITTING, ET FAIT UN SOUFFLÉ !
WOUAH !
...ELLE EST FANTAS-TIQUE...
UNE VRAIE MEUTE DE SCOUTS.
KIRKMAN & SCOTT

CONTENT DE VOUS VOIR, WANDA, ET FÉLICITATIONS, SACRÉ VEINARD!
À BIENTÔT, MICHEL.
QU'EST-CE QUI VOUS PREND À VOUS, LES HOMMES? POURQUOI C'EST TOI QU'ON FÉLICITE?
C'EST MOI QUI SUIS ENCEINTE! MOI QUI EN AI POUR NEUF MOIS À GONFLER, GROSSIR, PASSER DES EXAMENS, ENFLER, AVOIR DES HÉMORROÏDES...
KIRKMAN & SCOTT
... MINUTE. JE CROIS QUE J'AI RÉPONDU À MA PROPRE QUESTION.
FÉLICITATIONS.

EH BEN, HEUREUSEMENT QUE J'AI PRIS UN PARAPLUIE!
C'EST COMMENT, DEHORS?
EUH... PLUVIEUX... FROID...
KIRKMAN & SCOTT
PAS LE CLIMAT... LA CIVILISATION!
CLACK! CLACK! CLACK! CLACK! CLACK! CLACK!

REGARDE ÇA! C'EST BIENTÔT LES CÉSARS, ET ON N'A VU AUCUN DE CES FILMS!
PREMIÈRE
KIRKMAN & SCOTT
C'EST VRAIMENT DÉPRIMANT, TU NE TROUVES PAS!
C'EST PIRE QUE TU CROIS...
PREMIÈRE
... C'EST LA LISTE DE L'AN DERNIER.
AAAARGH!

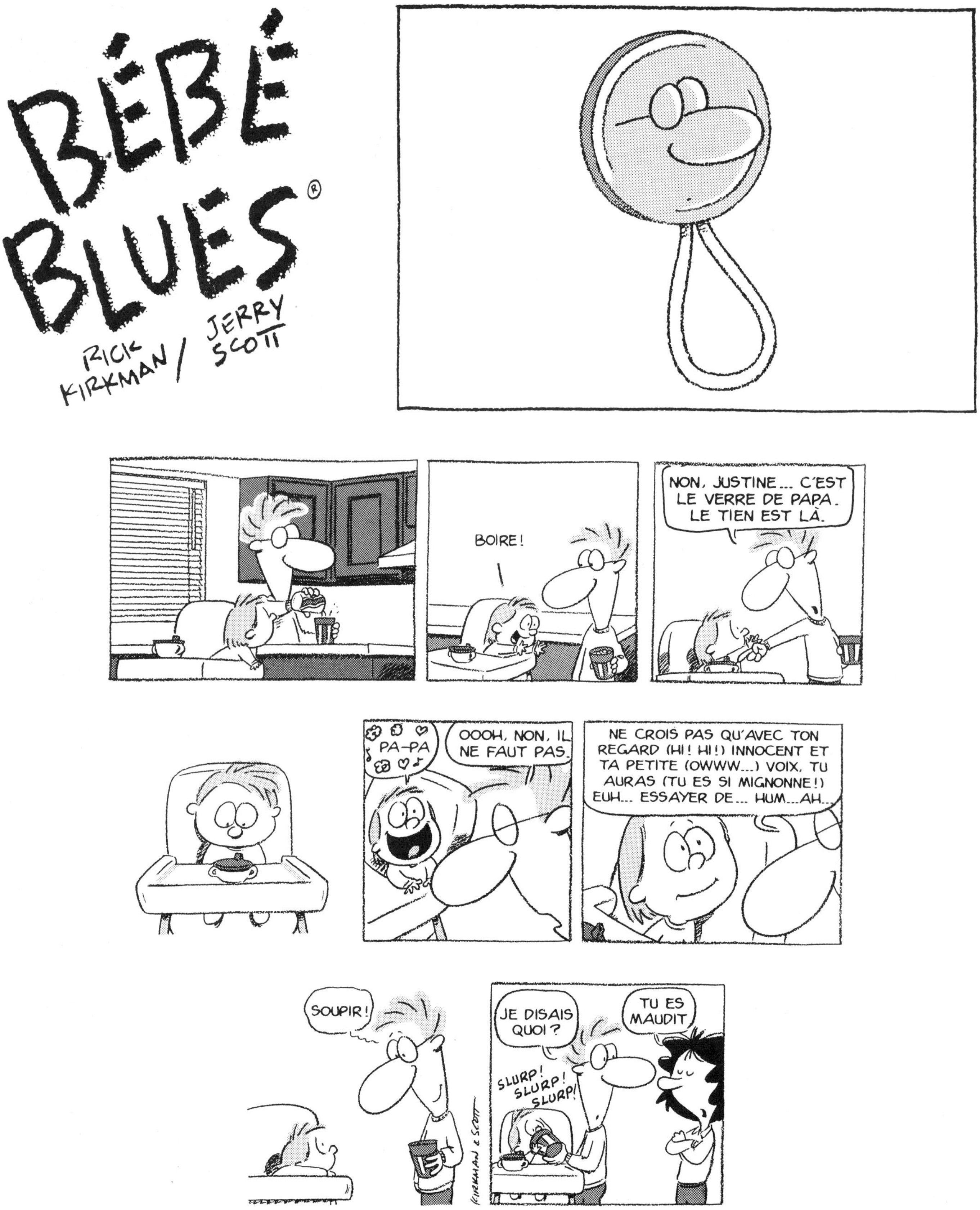
BÉBÉ BLUES®
RICK KIRKMAN / JERRY SCOTT
BOIRE!
NON, JUSTINE... C'EST LE VERRE DE PAPA. LE TIEN EST LÀ.
PA-PA
OOOH, NON, IL NE FAUT PAS.
NE CROIS PAS QU'AVEC TON REGARD (HI! HI!) INNOCENT ET TA PETITE (OWWW...) VOIX, TU AURAS (TU ES SI MIGNONNE!) EUH... ESSAYER DE... HUM...AH...
SOUPIR!
KIRKMAN & SCOTT
JE DISAIS QUOI?
TU ES MAUDIT.
SLURP! SLURP! SLURP!

TU VEUX UN GARÇON OU UNE FILLE ?
ÇA M'IMPORTE PEU...
...JE VEUX JUSTE QU'IL, OU ELLE, SOIT HEUREUX ET EN BONNE SANTÉ...
OUUIIII
...ET SUPER SUPER BON DORMEUR.
IINNNN
AMEN.
KIRKMAN & SCOTT

QUAND ALLONS-NOUS PARLER DU BÉBÉ À JUSTINE ?
JE NE SAIS PAS... TU PENSES QU'ELLE EST EN ÂGE DE COMPRENDRE ?
OUI... SI ON RESTE SIMPLE.
MAMAN... BÉBÉ... VENTRE... VENIR BIENTÔT !
C'ÉTAIT COMMENT ?
COMME SI TOTO ENSEIGNAIT LA BIOLOGIE.
KIRKMAN & SCOTT

COMMENT TE SENS-TU CE MATIN, WANDA ?
BEURK... ENCORE UN PEU NAUSÉEUSE.
TU POURRAIS NETTOYER LA CUISINE, ET PASSER L'ASPIRATEUR DANS LE SALON AVANT DE PARTIR ?
BIEN SÛR... REPOSE-TOI, MA CHÉRIE.
AHHHH
J'AI ENTENDU !
OUPS ! JE VOULAIS DIRE BEURK !
KIRKMAN & SCOTT

Imprimé par Pollina s.a., 85400 Luçon - n° 77504
Dépôt légal : mai 1999